AF381742

PROLOGUE

Nous pensons, nous rêvons !

Alors rêvons, mais surtout, restons bien sur terre. Elle semble si intéressante, si captivante, mais aussi très souvent injuste.

Sans forcément tout connaître, ce livret composé de multiples textes disparates, accapare très aisément la vie d'autrui et même la nôtre !

Pourquoi ce regroupement littéraire ?

Au hasard des rencontres, de notre curiosité, nos pensées, claires ou scabreuses, ne peuvent ignorer certaines images, certains clichés parfois choquants, mais combien réalistes !

Animées par la seule force de notre sensibilité, de nos observations, elles seront certainement remodelées par le tempérament de chacun de nous. En contrepartie, nos yeux seront le témoin de la vie environnante, de notre existence : celle qui nous encercle, nous choque, nous envoûte, ou alors prend un faciès vraiment horrible !

Que sera la face cachée de notre parcours terrestre ?

Si parfois quelques lecteurs semblaient (avec forte conviction) être mêlé dans un de ses chapitres, il faudra surtout leur signifier qu'ils ne sont aucunement tributaires de vagabondage intellectuel de l'auteur !

Si cela devait se produire ce ne serait que le fait d'une pure coïncidence ! à la ligne il n'est pas moins exact que ses écrits pourraient rassembler quelques éléments d'un puzzle de certaines destinées.

L'auteur, Gérard

CHAPITRE 1

Assis dans le fauteuil

Arrivé à un certain âge, le futur se rétrécit de plus en plus rapidement.

- Marcher dans sa tête
- Anges et démons
- À la cour des miracles

Marcher dans sa tête

Pensant être indestructible, chacun dessine son propre univers. Les années passent et nous préférons volontairement ignorer l'autre côté de la lumière. Les images de l'irréel, de l'espace de temps à parcourir, font partie prenante de notre quotidien, jusqu'au jour où… La fatalité décide de rompre cette insouciante habitude. Cette fatalité nous fait plonger dans la morosité d'un brouillard psychique.

Eh oui, la vie devenue très garce a réussi à me supprimer les membres inférieurs ! depuis le temps passe, s'écoule, passe, s'écoule encore et encore !

Pour moi, les mots comme patience, espoir ou bientôt, sont devenus agressifs et possède nt désormais le don de me faire bondir, exploser, devenir fou !

Actuellement, les miroirs réfléchissent le portrait d'une personne sombrant imperceptiblement, mais non moins inexorablement vers un long non-retour intemporel.

Cette dégradation me secoue, me fait basculer dans les longs tentacules de la crainte.

Bien trop banal et trop facile de se dire : réagis bon Dieu ! Hélas, mon humeur habituellement aimante, avide de la vie riante s'échappe petit à petit.

Malgré moi, devenu méfiant, je me surprends à disséquer les regards fuyants d'autrui. Ceci m'offre trop d'interrogations, trop d'incertitudes sur l'exact sens de mes réflexions.

Maintenant, l'espérance ressemble beaucoup au manège de mon enfance qui tourne, tourne, tourne ! Comment faire pour tout stopper ? Disjoncter ?

En prenant un peu de recul, je ne vois apparaître personne pour m'extirper de cette succion néfaste où mes pensées se trouve gangrenées par la noirceur de l'adversité !

J'aperçois le jour s'estomper vers la tombée de la nuit point pourrais-je prochainement envisager un retour aux bonnes habitudes normalisées ? il me faudra certainement l'électrochoc d'une fantastique nouvelle, véritable, réelle cette fois-ci, afin de m'obliger à rire aux éclats devant les dangereux moments qui me persécutent depuis longtemps. Pourtant, il est vrai que je souhaite m'endormir avec des rêves qui feraient resplendir un tout nouvel horizon ! Devant la fenêtre grande ouverte, je dévorerais enfin le merveilleux ciel bleu !

Demain ?

Demain !

Gérard

Anges et démons

Dans l'environnement de la rééducation, il me faut compter le gestuel des ombres bourdonnantes nous harcelant. Ruche ou fourmilière, nous sommes tributaires de leur empathie et ce malgré le refus de notre fierté ! Attention de ne pas trop les choquer, mais essayons de gagner leur complicité. Tout compte fait virgule il serait plus judicieux de les côtoyer très amicalement.

Pour nous (les démons), la difficulté réside dans l'acceptation d'être materné, d'être envoûté par ses anges gardiens. Cette grande majorité portent des ailes ; les autres seulement des élytres. Pour ces derniers, les pincer sera le plus sûr moyen de les dérider, de leur arracher un sourire. Pour les grandes ailes, les mots se figent devant tant de compassion malgré l'irascibilité de notre état d'esprit. Il nous dorlote, nous assist, écoute nos rancunes, nos délires puis nos injustices.

Sommes-nous paumé, perdu, ils surgissent alors de nulle part et font plus qu'entendre : ils nous accompagnent dans notre déraison, puis nous remettent sur le sentier de l'apaisement.

N'oublions personne car cet endroit est leur demeure, la raison et la passion de leur existence.

Énumérer tous ces anges serait trop délicat, car leurs essaims s'acharne sur nos inquiétudes, nos angoisses point mais certains secteurs nous semblent plus familier. De l'accueil, prenons le couloir et saluons l'équipe des ergos. Découvrons la salle de gym puis respirons fortement avant d'entrer dans celle des kinés.

Enfin, nous croisons une catégorie bien spécifique : celle des brancardiers. Maître de l'horloge, encyclopédie des noms propres mémorisés, ils permettent d'éviter l'égarement dans l'errance de notre désarroi. Leurs contacts nous envoûtent, leurs gestes simples nous désarçonnent et refoulent notre agressivité …

Puis un jour, nous marcherons le cœur plein de soleil, vers la sortie. Malgré nous, se retournant, nous intercepterons le bruissement furtif de ses ailes : un nouveau démon semble être retenu par les bras et être emmené vers l'interrogatoire de son avenir. Et moi, d'une démarche hésitante, la tête lourde d'images, je repartirai égoïste et tout sourire vers les miens.

Gérard

À la cour des miracles

Chut ! Entrez dans l'abside du purgatoire.

Découvrez, mémorisez bien l'endroit.

Vous ne pourrez oublier cet effroi

Qui semble rejeter les rêves de gloire.

Abandonnez le geste de suffisance,

Car ici, rien ne s'écrit à l'avance.

Qui sont-ils ?

Dans leur regard brûle leur devenir.

Loin des mots qui ne servent qu'à mentir

Ils sont dans leur monde, prêt à s'enfuir !

Au nom du désespoir, ils chantent la vie.

Pour certains, la réponse sera le lit.

Ne pouvant remplacer l'immortalité,

Ils voudraient ardemment être écoutés

N'espérons pas les juger sans savoir

Car l'affolant manège de l'injustice

Brille en eux comme un feu d'artifice.

Nous sommes sidérés de notre non-pouvoir

De l'insuffisance face à cette torture,

Mais surtout à rejeter l'imposture.

Par-là la sortie !

Epiant à distance, nous les observons.

Crainte, angoisse, accompagnent leur désarroi.

Peut-on seulement les guérir ! Oui ? Non ?

Donner une réponse serait maladroit.

Les voir à nouveau cahoter puis marcher,

Pleurant, riant, ils pétrissent leur bonheur !

À cet instant, ils peuvent avancer :

Ils ont désormais oublié leur peur !

Gérard

CHAPITRE 2

Le temps détruit son œuvre

Les plis et les rides de la vieillesse forment les plus belles écritures de la vie. Les masquer, c'est se cacher, maquiller son historique.

- Seul
- Hier, aujourd'hui
- Savoir vieillir

Seul

Je repose ce livre, il est terminé bof ! Il n'était pas si captivant que cela !

Lui aussi, le carillon devenu nostalgique est soudainement resté muet. Au moins, il ne me fera plus sursauter, ne me cassera plus les oreilles!

Ronronnant, toujours à la recherche de son câlin, notre chat Frisou se frotte contre moi tout en douceur. Mais quelle glue !

Ça y est, je me décide à me hisser hors du fauteuil. Je m'habille un peu plus chaudement, c'est bientôt novembre et je vais sortir respirer un peu d'air frais !

Dehors, je suis surpris par l'étendue, par la grandeur de ses champs tout silencieux, me cernant et me faisant découvrir : « je suis seul ».

D'accord ; il est vrai que mes pas, mes enjambées sont devenus très courts et beaucoup plus pesants maintenant.

Hélas, je constate également que mes cheveux ont revêtu leur tenue d'hiver. Instinctivement, je remonte mon col.

Avec difficulté, je m'assieds sur le banc de rondins. Malgré moi, je ferme les yeux ; je voyage de nouveau à travers le temps dépassé ! Je songe une énième fois à tes larmes de joie, tu sais celles qui possédaient ce goût de miel si particulier. En poursuivant toutes ces idées, je pense à mes tourments, aux tiens s'entre-mêlant ; ils se confondaient tant.

Tes « je t'aime » devaient être forcément magiques, puisque depuis ta non-présence, ils continuent à me séduire, à me provoquer des frissons quoi ! Tes charmes n'arrêtent pas de me déboussoler, aujourd'hui encore, comme ceux d'hier.

Aussi, tu es devenue la confidente de mes nuits, comme tu étais déjà celle de mon existence, durant tant d'années.

Bravant les décennies, ton visage gardait pour moi exactement la même apparence, celle de notre toute première rencontre !

Elles n'en finissent pas, en m'accompagnant, de me harceler ; la solitude, la tristesse qui s'acharnent me rongent, me minent, insouciantes, égoïstes, désespérantes !

Aujourd'hui, j'oserais m'aventurer à te confier ceci : « si tu peux m'entendre bien sûr », donc si jamais tu ne sais pas comment occuper tout ce temps infini, et si… tout là-haut tu t'ennuies… alors fais-moi signe !

Gérard

Hier, Aujourd'hui

Pour tous les anciens jeunes d'auparavant

Qui semblent un peu tremblants tout cahotants

Pour ces demoiselles de leurs couettes jouant

Arrogantes, légères, surtout nous aimant,

N'oubliez pas le souvenir des gens

Jadis plein d'avenir si envoûtants

Pour toutes ces nanas aux regards ardents

Qui sont déguisées, ridées maintenant

Pour tous ces boutonneux, bêtes, suffisants,

Devenus très chauves, même bedonnants,

Pour toutes et tous, et moi également,

Pour nos histoires déformées très souvent,

Nous nous plaignons trop exagérément,

La panne de mémoire sauvée par l'écran

Le sol lui, est trop bas donc très cassant.

Même nos chaussons sont devenus pesants ;

A tous mes amis riants, chahutant,

Qui maudissent leurs maux sans ménagement

Accompagnez-moi encore très longtemps

Gérard

Savoir vieillir

Bien vieillir, c'est vieillir avec l'esprit sans remord, sans regret, sans surveiller l'heure, regarder devant soi sans peur car à chaque âge son petit coin de bonheur.

Vieillir en beauté, c'est vieillir avec son corps, le voir sain et beau en dehors, ne jamais abdiquer devant cet effort : l'âge n'a rien à voir avec le sort.

Vieillir en partage, c'est peut-être donner un coup de pouce à ceux qui oublient que la vie peut être douce et qu'il y a toujours quelqu'un qui vient à la rescousse.

Vieillir en avançant, c'est vieillir logiquement en évitant de se pencher sur les souvenirs d'antan, d'être admiratif de ses cheveux blancs : pour être heureux, il y a toujours un temps.

Vieillir en tendresse, c'est vieillir avec son bagage d'amour, savoir donner sans espérer un éventuel retour, avec un cœur plein d'espoir s'endormir le soir et, lorsque vient de ne plus pouvoir vous dire les yeux étonnés :

Au revoir !

Gérard

CHAPITRE 3

Nature et poésie : sœurs jumelles

Si on peut faire quelque chose de différent, il faut s'attendre à ne pas rencontrer tout de suite de la compréhension.

- Conte de saison
- Promenade pastorale
- La rose

Conte de saison

Le ciel se complait dans la grisaille. Égoïste, il voudrait retenir les flocons de neige ; les arbres grelottent. Seule une jeune et frêle branche m'interpelle ! Je ressens fortement son envie de vivre, de découvrir le monde, le nôtre, le mien ! Ah, les voici ces flocons ! Pas pressés de rejoindre le sol. Certains s'accrochent à l'inattendu perchoir, qui subit et finit par se courber, lesté par ce pesant manteau. Tout en fusionnant avec le papillonnage aérien, quelques gouttes de pluie s'invitent à cet engouement ! Elles explosent sur le rameau et participent à la création d'un voile de brume encerclant et escamotant la tendre ramille…

C'est un vrai enchantement, je ne me lasse pas de regarder ces blancs papillons voleter comme des pétales de fleurs aquarelle. Je n'ose les détailler plus intensément, j'ai le trac de rompre cet émerveillement, cet ensorcellement, qu'ils s'évaporent !

Ils semblent tournoyer dans une même harmonie. Le charme s'intensifia et les pétales s'animèrent, silencieux ! Comme des chrysalides, ils se transforment doucement en de légers petits lutins : Des petites fées ailées, sensuelles, les remplacent ; pas une seconde ne sera perdue ! Elles entament de suite une grande farandole qui se modifie tranquillement pour devenir une sarabande, une ronde gazouillante !

Leurs regards sont illuminés par leur beauté ; un désir profond, épris par l'ivresse de la liberté, s'en échappe. Maintenant, elles piaillent comme une volée d'hirondelles qui aurait avalé des sifflets ! À cet instant-là, je suis tenté d'entrer en lévitation, de participer à leur communion dansante ; Hélas, je dois rester immobile : Je ne sais ni léviter ni danser !

Mon étonnement n'est pas encore terminé, un gracile petite déesse s'est échappée de l'essaim et vient se poser sur mon épaule. Elle semble me chuchoter quelque chose mais son langage m'est inconnu : est-ce celui des fées… ou des fleurs ? Après quelques difficultés, je dois comprendre

que je ne dois en aucun cas ouvrir les paumières !
Elle semble vouloir me prévenir de l'arrivée très
proche d'une suite incroyable et à ce moment-là,
le pourquoi m'apparaîtra !

De suite, le pourquoi devient concret ! Surgissant
de nulle part, une deuxième fée, un peu plus
grande, plus colorée, vêtue d'une courte et
gracieuse jupette de velours pourpre surgit !
Comme des clones à son effigie, d'autres
fantastiques visions l'accompagnent. Ensemble,
elles rejoignent mes pétillantes et minuscules
danseuses. Mon cœur se serre, son rythme
s'accélère, s'affole à la vue de cette invasion
multicolore… Le tenance brouillard s'intensifia.
Je ne distingue plus grand-chose, il devient
muraille ! Je ne peux, ni ne veux faire un geste ;
le voile opaque s'estompa petit à petit, morceau
par morceau, et se déchira !

Abasourdi, je ne comprenais pas, ne comprenais
plus : les chants avaient cessé, plus aucune
danse, mes petites fées avaient disparu. C'est un
autre éblouissement aussi merveilleux que je
découvris : les petites ballerines aériennes se

sont transformées en de pétulantes petites fleurs irisées.

Un bouton de velours rouge trône en leur milieu comme une reine auréolée, majestueuse, imposante ! Ces fleurs doivent certainement représenter la conviction d'un avenir, d'un futur renouvelé ! J'ai réellement la frousse que ce charme se rompe ; je n'ose entrouvrir les yeux.

Mais en moi, je m'obstine à les regarder encore et encore et ce, malgré votre impatience énervée de ne pas découvrir de suite les dernières lignes de ce conte !

Surtout, ne vous moquez pas de mes hallucinations. Tout compte fait, le final de ce texte restera uniquement dans ma propre imagination !

Gérard

Promenade pastorale

Le cœur printanier, je flâne au hasard. Je m'imprègne du décor de la nature environnante. Un sous-bois attire ma solitude. Hypnotisé, j'écarte les branchages et pénètre dans cette douceur feutrée. Je m'approche lentement et… je trébuche, vacille, titube puis tombe en m'agenouillant ! je retiens mon souffle : un bruissement d'aile m'oblige à prolonger cette apnée. Surtout ne pas bouger, ne pas respirer, ni tousser ! je voudrais me maquiller en néant, prendre l'apparence d'un banal horizon !

Un intrépide scarabée en profite pour me squatter. Comment intervenir pour le refouler ? Je l'oublie vite, car la gente emplumée est venue batifoler juste à quelques pas. Comment je désirerais pouvoir l'enjôler, la séduire par des mots avoués en silence ! j'ai une tenance envie de visiter ses envies et que cet oiseau m'accorde quelques instants de son vagabondage. Catastrophe ! un autre éclair ailé le rejoint. Ils se détaillent, puis cliquètent, surlignes leurs rémiges, marivaudent !

J'en profite pour refouler l'effronté insecte. Mes yeux sur le qui-vive, je reviens à ces farouches et nouvelles connaissances. Voilà ! Elles s'enfuient dans un sonore piaillement, me laissant complètement désolé, perdu, désespéré !

Après plusieurs instants délicats, je me remets à respirer. Je m'assois et détaille cette luxuriante végétation. Là ! une épeire s'acharne à restaurer son piège de fils de soie lézardé par le vent et la rosée ! Je suis oppressé devant tant d'abnégation, de son incalculable courage. Puis, satisfaite de son œuvre, elle regagne son poste de guet, troque sa tenue de bâtisseur et revêt celle du prédateur.

Complètement subjugué, époustouflé, l'attente m'attire inexorablement dans ce monde où le temps n'existe plus.

Tiens, tiens ! voici maintenant le fantasque écureuil ! Il s'active, virevolte à la recherche de sa pitance. Rouquin, la queue empanachée, il décortique illico sa trouvaille ! Puis soudainement, tout en souplesse, grimpe rapidement cacher le surplus. S'en souviendra-t-il, pas sûr ! L'humeur légère, à fleur de pelage, ce n'est plus son souci, car il accapare déjà une autre friandise.

Réaliste, je le soupçonne, le coquin, d'épier tout mon gestuel. Stoïque, afin de ne pas l'effaroucher, je bloque encore ma respiration. L'effronté scarabée en profite aussitôt pour me courtiser. Le détaillant plus attentivement, il se révèle bien moins repoussant, beaucoup plus captivant, une certaine allure, quoi !

Le soir s'étiole, tombe, il se fait tard. Courbature, je me relève, m'appuie sur un colosse boisé. Les yeux embués, je regarde une nouvelle fois toutes ces irréelles visions tant ignorées et si souvent méprisées. Le chemin du retour sera long, mais ma tête, elle, sera tout imprégnée de ces splendides fééries ! c'est décidé, je reviendrai !

Gérard

La rose

Par cette fleur, nous connaissons tous les mots de la passion, de l'admiration et même de la vénération. Alors oui, c'est un véritable amour qui nous est offert par la nature, un amour que je désirerais vous conter en quelques lignes !

Depuis quelques temps, l'envie d'entrer dans ce petit jardin me dérangeais ! C'est un jardin un peu sauvage, bariolé de multiples coloris, souvent aguichants mais toujours enivrants. Poussant le petit portail (ce qui ne rebute personne), j'entre à l'intérieur d'un orchestre symphonique, utilisant toutes les palettes de couleurs de la création !

Ensemble, elles m'encerclent, me font tourner comme un manège devenu fou, jusqu'à mon étourdissement. Dans un état second, je suis figé, stupéfait et surement l'air hagard. Comme stoppé par ce buisson d'étoiles exceptionnelles, toutes en scintillement, semblable à l'apothéose finale du feu d'artifice ; je ne peux plus respirer, mes bras sont devenus inutiles, ballants. Je suis paralysé devant cette féérie !

Des roses toutes fraîchement épanouies bravent puis captivent la lumière, l'éclairage de leur environnement. Tous les exemplaires de la vie d'une fleur sont représentés, ici, là, devant moi ! Mes mains aimantées ne semblent pourtant pas s'offusquer de leurs armes défensives nommées « épines ». Non agressives, protectrices, elles vous invitent à vous rapprocher, approcher principalement vos émois, ceux débordant de tendresse envers l'explosion de la beauté.

Ces roses peuvent revêtir n'importe quel styliste, elles continueront à s'appeler Rose ! Les calices constitués par leurs sépales, forment une carapace de protection aux petites fleurs adolescentes. Lassé d'être en position verticale, je finis par m'agenouiller face à l'arbuste enjôleur. Détaillant les fleurs individuellement, je formule le souhait, si cela fut possible, de les épouser chacune leur tour ! De plus, il me semble qu'à force de les « sniffer », je dois avoir le nez tout barbouillé, très coloré, la couleur débordant sur mes sourcils ; ces mêmes sourcils qui m'obligent à cligner des yeux !

C'est sous cette attirance enchanteresse, naturelle, que je désirerais me lover incognito, en cachette ; Je serais alors le plus heureux, le plus envié des séquestrés !

En résumant ce trop plein de pensées si passionnées : rares sont les mélodies pouvant les accompagner, les égaler avec une telle classe. Seules, quelques-unes peuvent s'en glorifier !

Les yeux mi-clos, je soupçonne de rapetisser ; à moins que ce ne soient les roses qui grandissent, grandissent ! De ce fait, j'arrive doucement, petit à petit, à égaler leurs silhouettes. J'écarte précautionneusement les pétales sans les meurtrir : je pénètre dans la corolle, là où semble battre son cœur !

Fatigué, tout envoûté, je m'allonge et savoure ces circonstances inédites, pour finalement somnoler dans cette litière moelleuse, improvisé, odorante.

Maintenant, cette rose me donne l'impression de vouloir m'ingérer et, enjôlé, je me laisse faire, sans opposer la moindre réticence. Seule, la femme peut rivaliser et obtenir les mêmes abandons !

Ce petit hymne à la rose se termine ; je suis encore sujet aux tremblements provoqués par tant de beautés réunies !

Gérard

CHAPITRE 4

Des reportages inédits

L'amour est parfois le reflet d'un désespoir.

- Le chevalier blanc
- Résidence en fauteuil
- Les naufragés de la rue

Le chevalier blanc

_ Bonjour Madame Gautier !

_ Bonjour Monsieur ! C'est vous qui m'aviez téléphoné tout à l'heure ? Entrez donc mon cher, asseyez-vous !

_ Excusez mon incursion. Voilà ce qui me vaut d'être ici. Je me suis laisser conter, peut-être trop facilement d'ailleurs, par un ragot, un bruit circulant à votre sujet. Il est vrai, cela me préoccupe tout de même plus qu'il ne faudrait ! Alors voilà ; depuis quelques années, vous vivez seule dans cette grande maison.

_ Exact, depuis que mon époux est décédé, il y a déjà quelque temps de cela.

_ Autour de vous, vos voisins sont pertinemment persuadés qu'actuellement vous êtes accompagnée par un certain chevalier blanc Pardonnez mon ignorance mais… je me trompe peut-être ! je suis tout de même gangréné par ces balivernes !

_ Non, vous ne vous trompez pas, Monsieur… ?

_ Riou, Bernard Riou !

_ Monsieur Riou, ce chevalier blanc dont vous désirez me parler est bien vivant, bien réel, absolument pas virtuel ! Il vit à mes côtés dans cette bâtisse. Avec lui, les histoires de prince charmant sont devenues à la mode !

_ Je sais bien, madame Gautier, que Noël approche à grand pas mais tout de même !

_ Détrompez-vous ! Lorsque ce preux est assis là, juste à côté de moi, grâce à lui, je me sens en entière sécurité, bien protégée. Quand mes mains enlacent son cou puis parcourent tendrement son dos, c'est à ce moment que ses yeux inondent toutes la profondeur de mes regards. L'amour qui s'en échappe me réchauffe au plus haut point de moi-même, imprégnant ma fantasque imagination !

A partir de cet instant, les feuilles trop vertes s'habillent de pourpre, d'or. Ces nouvelles parures effacent tous les noirs, tous les blancs trop pâles, trop fades. Une chaleur obsessionnelle m'accapare entièrement, pareil aux tous premiers rayons de soleil de l'été !

Je ne pourrais vous dire si mon chevalier me trouve jolie malgré les marques du temps, mais il possède ce fameux don pour travestir mon âge, de manière déconcertante. Par cette attitude, je récupère certaines illusions qui s'étaient égarées, enfouies dans la mémoire de ma jeunesse ! A cause de ce trop-plein de dévouement, de tendresse, je ressens alors une immense sérénité ! Je suis envoûtée.

_ Mais ce preux chevalier, je ne le vois pas ! Où est-il actuellement ?

_ Ne vous en faites pas, ne soyez pas si impatient ! Il est bien vivant, je vais vous le présenter !

Chevalier, mon chéri, viens me voir ! Mr Riou est impatient de te connaître !

Quelques secondes s'écoulèrent, puis arrivant du jardin, une vision, une créature impensable qui envahit le salon, sans autre forme de présentation ! Compatissant envers le nouvel invité, il s'installa directement à mes côtés. Sa grande et majestueuse stature sembla se transformer de manière instinctive, en un écran de protection envers ma personne !

_ Voilà, jeune homme, voici mon chevalier blanc, mon gros patou, mon berger des Pyrénées, mon garde du corps !

N'est-il pas si formidable, si beau, si fort !

Gérard

Résidence en fauteuil

_ Bonjour monsieur Patrick ! Vous pouvez m'accorder quelques minutes ?

_Bien sûr ! cela me distraira, changera mes idées, mes habitudes !

_Voilà j'entre de suite dans le vif du sujet je vous observe, je vous vois régulièrement de bonne humeur. Vous avez certainement une bonne recette !

_ Pour ne rien vous cacher de mes sentiments, j'essaye d'avoir le sourire et surtout d'éviter de glisser dans la morosité, car ici on se retrouve facilement avec les yeux tristes, trop tristes avec le regard bien morne qui en découlerait !

Mais quoi faire pour s'occuper pendant ces interminables journée, surtout lorsqu'on a tendance à oublier les mots qui chantent. J'en suis pleinement chagrinée car la force me manque pour balayer tout cela !

D'ailleurs, même quand je perçois une certaine musique, c'est qu'elle habille sur mesure la tristesse, laquelle se métamorphose en un blues excessivement envoûtant !

En même temps, il me faut avouer que je m'oblige à ne pas trop penser, car cela accompagne une certaine fatigué !

Pour échapper à l'intrusion de l'angoisse, je me trouve rapidement quelques bonnes excuses ! Lorsqu'il m'arrive de recevoir de la pluie froide sur le visage, cela me fait songer au vent ; à l'amour comme le vent, je ne peux les voir, les palper ; en revanche, oui, je peux les ressentir !

Actuellement, sur mon fauteuil, je suis en stand-by, comme ils disent. J'écoute les babillages, les très nombreuses futilités de mes compagnons d'isolement ; parfois je les soupçonne de faire volontairement du bruit, afin de tuer le silence !

_ Autrement, à votre âge, Qu'auriez-vous à conseiller aux futures générations ?

_ C'est un chapitre qui pourrait bien s'éterniser, car très long à déployer ! Je ne voudrais surtout pas passer pour un vieux radoteur gâteux !

_ Allez, commencez tout de même !

_ Bon ! Tenez ! La nature fait les hommes semblables, mais c'est elle, la vie qui les rend différents ! En y regardant de plus près, elle est d'une grande beauté, même si nous pouvons la maudire parfois, mais nous ne pouvons que l'admirer !

_ Les décennies m'ont fait comprendre que l'amour n'a pas besoin d'être parfait, il a juste besoin d'être vrai ! Quant aux soit-disantes relations, il faudrait certainement fuir les personnes qui parlent trop, qui pensent trop ; ce ne sont pas celles-ci qui agissent le plus : plus tard, nous pourrons peut-être le regretter !

_ Tout compte fait, le problème de notre existence est que nous nous créons bien trop de problèmes, car dans cette vie, si nous ne voulons pas trébucher, il nous faut obligatoirement avancer !

_ Houla ! J'avouerais bien qu'au temps jadis, il m'est arrivé quelquefois de frôler des amours dangereux ! Avec le recul, il m'a semblé tout de même que : dans la vengeance comme dans la passion, la femme semble bien plus cruelle que l'homme ! Si je vous confie ceci c'est par pure expérience !

_ Maintenant voyez-vous, dans cette résidence, il ne nous reste que l'humour et la dérision comme compagnes ; selon toute vraisemblance, à nos âges, elles sont les meilleures et principales des thérapies…vers la sortie !

_ Ho ! excusez-moi mais l'heure tourne ! il est temps de rejoindre le restaurant. Je vous remercie grandement de m'avoir écouté.

_ Monsieur Patrick ! au revoir !

Gérard

Les naufragés de la rue

Dès le début de la journée, nous les apercevons déambuler, arpenter les trottoirs.

C'est à eux, les SDF, que je consacre aujourd'hui ces quelques lignes. Elles seront certainement trop brèves, car il y a tant et tant à dire, à relater les diverses conditions de leur existence.

De manière arbitraire, ils se partagent en deux catégories très distinctes : celle des « clochardes », celle des SDF.

Trente pour cent des naufragés de la rue seront baptisés dans le langage courant clochard !

Ceux-ci sont arrivés à un stade irréversible ; hors de question de leur parler d'insertion, de retourner dans le monde des conformités ; ils sont opposés à toute amélioration durable de leurs conditions actuelles. Ils sont devenus complètement insociables dans la perte totale de la conscience d'eux-mêmes ! Pour eux, la rue est leur refuge, leur rempart. Ces clochards sont devenus insensibles au mal physique, c'est la douleur morale qui l'a remplacé ! ils ne sont plus capables de se mirer dans le regard des autres ; ils ont abandonné tout effort de rester esthétique, d'être normalisé. Ils en sont arrivés à l'exclusion de soi-même. Ils bannissent la tyrannie de l'apparence !

Respirons un peu, regardons maintenant l'autre catégorie de naufragés, les SDF. Ils sont issus de milieux très différents, de corporations diverses, de toutes les catégories sociales et même d'âge.

S'ils n'ont pas de domicile officiel, certains continuent de travailler, ils ont un « job ». D'autres pointent régulièrement au pôle emploi, essaient de retrouver quelque chose, dorment parfois dans leur voiture, dans une tente, dans les bois. Voulant conserver un minimum de dignité, ils continuent à se lever tôt, d'aller travailler à temps complet ou épisodique.

Une situation familiale des plus complexes, un licenciement économique se grevant sur une assise pécuniaire fragile ou autre moins glorieuse, ont eu raison de leur quiétude matérielle. Quelques-uns, suivant un cursus estudiantin, ne peuvent pas se payer un simple cagibi en guise de logement.

Le soir venu, cette faune rurale se dirige sans empressement vers des recoins considérés moins froids, à défaut d'être tempérés. son intention première est de se coucher et de dormir, poussé par un sommeil imbibé. Leur seul baluchon sera un grand sac plastique, fatigué par les multiples usages ou bien un cabas crasseux, difforme, servant de fourre-tout.

Pour cette prochaine nuit, elle la passera derrière une porte cochère, dans une « cabane » de carton cachée des courants d'air. Une minorité saturée par la boisson s'arrêtera simplement à l'Abribus ou s'allongera directement sur la sortie d'air chaud du métro. Des privilégiés se retrouveront dans une vieille caravane derrière un bosquet cachant un monticule de détritus.

En parlant de couchoir, Nénesse dont l'âme, ou simplement la tête, est torturé, en perdition depuis quelque temps déjà, a élu domicile sur un banc, son banc, dans un petit square, sa propriété. Il se retrouve désormais au milieu des oiseaux : les effrontés moineaux, l'envahissant pigeon et même l'espiègle écureuil ; bien loin du regard critique du passant.

L'ensemble de ces naufragés se retrouve, cahin-caha, le soir avec une même angoisse, une même inquiétude : la peur de se faire agresser, d'être volé de leurs 3 sous, de leurs reliques par leur voisinage.

Ceux-là resteront sur le qui-vive, leur sommeil sera très léger, tout en « warning ». Certains SDF trouvent une parade en adoptant un compagnon à quatre pattes, un chien, un corniaud ! celui-ci servira de sentinelle la nuit et d'ami fidèle la journée. Le revers de ce couple sera le partage d'une pitance hétéroclite.

N'oublions pas, dans ce monde marginal, la présence féminine. Celles-ci représentent pour quinze pour cent du nombre de bannis. Il est vrai que nous les apercevons très peu ! ces femmes ont tendance à se cacher systématiquement dès la nuit tombée, derrière des poubelles, des immondices. Elles font peu ou pas de toilettes, préfèrent s'habiller de frusques, de guenilles dépareillées, afin de d'être très repoussantes, de dégoûter les futurs candidats aux agressions sexuelles impunis ; elles sont leur cible potentielle, providentielle. Leur méfiance est leur leitmotiv.

Et ne perdront pas de vue ceci : dans les agglomérations, les toilettes sont publiques, donc payantes ! il en découle une hygiène déplorable, lamentable. Nous devinons aisément le résultat qui peut en découler.

Pour les SDF qui auront la « chance » de dormir dans un centre d'hébergement, cela pourrait engendrer quelque jalousie morbide. Cela peut conduire à un intense dialogue haut en couleur, imagé, à des rixes parfois violentes. Il ne sera pas exceptionnel que cela aboutisse à une issue fatale ; neuf décès engendrés par an en moyenne.

Par grand froid, la maraude patrouille dans les rues et ruelles, fait le tour des couches sommaires. La maraude les racole afin de leur offrir un bol de soupe chaude accompagné d'un peu de discussion. Les privilégiés qui ont dégoté un lit dans un centre auront un souper, une couverture ainsi que des draps jetables. S'ajoutera un petit nécessaire pour la douche du réveil matinal. Avant de se coucher, la plupart ressortira dehors fumer son dernier mégot reconstitué et finira la dernière boisson.

Au petit jour, la sirène les réveillera. Au programme : café, petit-déjeuner, douche, puis direction la sortie du foyer pour 8h30 ; mais pareil à leurs congénères moins chanceux, ils recommenceront à arpenter la jungle urbaine. Ce sera à nouveau des anciennes rencontres ou bien des nouvelles retrouvailles. Ils se hèleront par leur prénom, mais principalement par leur surnom.

Certains ne sont plus rien ! aucun papier. Ils les ont perdus ou brûlés, mais c'est le moindre de leurs soucis !

Tenez, nous allons commencer, par exemple, dans *le petit fêlé.* Celui-là croit être en télépathie avec les rongeurs. Arrive maintenant *l'aristo boiteux*, suivi comme son ombre par *Colombo*, ainsi nommé à cause de son imper trop long, cradingue ! Surveillant les caniveaux comme quelqu'un qui chercherait des champignons, voici *Tarzan* et un peu plus loin *Moucheron*. *Moucheron*, lui, est en éternelle discussion philosophique avec son copain *Ferrari*. Ce surnom de *Ferrari* est dû à la couleur de son pantalon qui fut rouge à l'origine ! il y a longtemps de cela ! Plus loin, en pleine conversation avec soi-même, s'achemine *le grand blond* avec ses souliers dépareillés ; les siens lui ont été « empruntés » dans un foyer de nuit !

Alors tout ce petit monde bariolé s'en ira effectuer quelques heures de travail. Ne vous méprenez pas, chez ces gens le boulot consiste à faire la manche à la sortie d'un grand magasin, à l'entrée d'un supermarché ou bien devant les marches d'une station de métro.

Ils vous quémanderont trois sous ou bien un ticket restaurant. Certains individus, excellant dans l'irascibilité, vous insulteront devant votre non-participation ! Souvent la générosité des passants sera tributaire des jours et des caprices de la météo ! Les donneurs potentiels seront plus enclins à donner en fin de semaine qu'en début. Je m'explique : le lundi, ils en prennent pour cinq jours de taff, le moral sera en berne ! Par contre, le vendredi, ils auront tendance à être plus faciles, en gaîté devant la perspective du week-end arrivant.

Une autre vérité nous vient à l'esprit : par temps de pluie, c'est l'absence d'empathie qui se fera ressentir ! le quidam se dépêchera pour se mettre à l'abri, au sec tout simplement ! Ou bien il tient son parapluie d'une main et de l'autre, ce sera le téléphone portable point

Après avoir vagabondé toute la journée, les voici à nouveau se dirigeant vers le foyer le plus proche, espérant comme d'habitude, sans trop y croire, avoir un lit pour la nuit approchant.

Les deux tiers des SDF refusent d'y aller ! Quelques-uns sont même convaincus que le 115 est le numéro le plus sur pour ne pas trouver une place au chaud.

Plus le temps passe, plus la volonté de sortir de cette spirale négative s'étiole, encouragé par la présence des autres démunis ! Leurs illusions foutent le camp, leur vie raccourcie sera l'errance de leur pas, de leur pensée. Après les TROP longues attentes négatives, ils n'auront plus aucun but.

Voilà !

Interrogeons-nous sur le nombre de sans-logis qui augmente d'année en année, et ce de manière significative.

Gérard

CHAPITRE 5

La passion : rêve ou utopie ?

Quand on aime, on n'aime plus personne.

- Déni et passion
- Tant d'amour
- Rêver d'un songe
- Comme je t'aime

Déni et passion

Jusqu'à présent, le courage m'a toujours fait défaut. Ce n'est pas si mal de te dire : je te quitte, cessons notre relation, mais restons bons amis. Quelle foutaise ! Songeant aux sentiments émanant de tout ton être, il me semble que je ne peux y répondre avec la même ferveur, avec la même intensité.

Je suis conscient qu'à certains moments, tu accapares l'essentiel de mes pensées. Je ne suis pas suffisamment fort, décidé, préparé à t'accompagner dans la profondeur de tes rêves.

Oui, c'est ton amour qui m'effraie ! suis-je assez passionné pour te suivre aveuglément ? je suis sincèrement infligé de t'imposer cette douloureuse épreuve !

Pourtant, je panique en pensant aux dégâts que mes mots, que mes paroles ne cesseront de te déchirer. J'ai bien trop de regrets d'avoir croisé ta destinée d'avoir provoqué tout cet embrasement. Je connais tant le sujet de tes espérances, conscient que tu comptes les heures, comme tu comptes les journées à m'attendre.

Constatation.

Seulement j'ai le sentiment que cette liaison m'est trop nocive, que tu essaies de me transformer en quelqu'un d'autre que je ne suis pas, bref, que tu désires faire un ciel de mon enfer !

Je peux te l'avouer maintenant, lorsque tes yeux m'ont frôlé, j'en ai soudainement tremblé, pas de froid, mais de toi ! il fallait voir combien tu resplendissais ! Rien que ton regard, j'avais compris immédiatement que je ne serai pas pour toi un amant de gouttière.

Depuis cet instant, le sommeil m'oublie, remplacé par ton parfum qui est odore toutes mes nuits. Avec toi, le droit de tricher ne peut exister. Je n'oserais jamais !

C'est pourquoi, petit cœur, je ne peux partager cette folie sentimentale ; j'ai trop peur de t'aimer vraiment !

Tu vas certainement me maudire. Je ne pourrais t'en vouloir, car seul fautif, je vais devoir t'abandonner, te laisser complètement désemparée, abasourdie par ma décision !

S'il te plaît, ne pleure pas, embrasse-moi encore une fois, que je puisse graver sur mes lèvres l'empreinte de ta bouche !

Remords.

Lentement, d'une démarche hésitante, je m'échappe de ses bras. Mes pas sont lourds, trop lourds d'avoir dévoilé mon âme. Résultat de toutes mes pensées si contradictoires : mon esprit se trouve comme ensorcelé, ballotté, révolté ! Pourquoi suis-je triste, trop triste maintenant ? J'ai trop froid ou c'est moi qui me voile la face ?

Que cela est difficile d'accepter cette séparation, d'accepter l'abandon de ton image tant présente.

Je continue de marcher, ou plutôt d'errer, tout droit devant moi. Je ralentis, mon pas devient plus traînant. Je m'arrête, me retourne. Tu n'as pas bougé, ni esquissé le moindre geste ! je ne sais plus quoi faire, comment réagir ! Sur la pâleur de ton visage, je ressens toute la pesanteur de ta détresse.

Maintenant, c'est à l'intérieur de moi-même que tout cela semble imploser ! Tel un automate, je refais machinalement quelques enjambées vers ce passé si présent. Toutes mes résolutions sont soudainement bafouées, anéanties ! est-ce à cause de la pluie ou de mes larmes que la brume s'invite et trouble ma vision ?

Mon orgueil masculin enfin rejeté, je capitule. Je te rejoins…

Nos mains, nos regards semblent soudés, ne se quittant plus.

Nous cheminons silencieusement vers je ne sais quel horizon inconnu, impatients !

Gérard

Rêver d'un songe

L'éclaircissement de la nuit annonce la matinée.

Je suis alors confronté à des choix imposés.

Je le sais nous ne pourrons jamais nous dire toujours.

Pas aujourd'hui c'est certain, ni demain, ni jamais.

C'est dans le rêve que je te rejoins impossible amour.

Ressentant dans cette passion tout ce qu'il signifiait, cela fait trop de mal cette torture, ce désir trop fugace

Je n'ose regarder mon désespoir, tourner la page.

Pas aujourd'hui c'est certain, ni demain ni jamais.

Je ne puis rêver d'autres voyages que ceux de tes traits.

Comme un somnambule, je m'aventure dans les dédales

De l'impossible espérance d'être ton Sénéchal.

Bien que tu ne sois repartie, affolant mon amour,

Uniquement pour maintenant mais pour toujours.

Surtout pas d'adieu, nous ne pourrions y survivre !

Est-il est vrai que tu ne sois qu'apparence très fictive ?

Tu m'insuffles tant : nous ne serons pas satisfaits.

Pas aujourd'hui, c'est certain, ni demain, ni jamais.

Et là, je vivrai seul dans tous endroits solitaires,

Où chaque instant je verrai ta silhouette éphémère.

Souhaitant enlacer ton corps, ceinture tes bras,

Déjà tu t'évapores, je sais que tu n'es plus là !

Comment pourrais-je comprendre que tu m'abandonnes ?

Dans le triste au revoir suivi d'une journée bien morne ;

Les jeux sont faits, nous ne serons jamais ensemble.

J'interrogerai ma mémoire, pleurant pour toujours !

Je referme ce livre angoissant puisque tu n'es qu'amour.

Nous vivrons séparés, désespérés, trop surfaits.

Pas aujourd'hui, c'est certain, ni demain.

A jamais !

Gérard

Comme je t'aime

Je me promène, je te rencontre,

Tu es jolie, ça je m'en rends compte,

Et tu m'ignores, tu suis ta route,

Légère, mutine, me voir j'en doute.

De te croiser, je reste chagrin,

Pour t'accoster, peut-être demain !

Je ne connais pas, pas la manière,

Dis-moi comment, comment il faut faire !

Comment il faut faire…

Comme je t'aime, comme je t'aime.

Tu me regardes, vers moi tu viens,

Penaud, bloqué, je me retiens :

Tu tends la main, je n'ose bouger,

Comme fasciné, paralysé,

Je suis statue, je suis gamin,

Sur ton regard, s'égare le mien ;

En découvrant tes yeux, tes yeux fripons,

Je suis… dans la fascination

Dans la fascination …

Comme je t'aime, comme je t'aime.

Trop envoûté, trop attiré,

Je te laisse faire, sans résister ;

Sous tes baisers, cet ouragan

Qui m'emporte dorénavant !

Je ne pense plus à respirer

Si je ne peux t'apprivoiser !

Haletant et même, même transparent

De ce rêve j'en suis le perdant

J'en suis le perdant…

Comme je t'aime, comme je t'aime …

Gérard

CHAPITRE 6

L'âme torturée

Un jour, il y aura autre chose que le jour.

- Chiche
- Des délires en méli-mélo

Chiche !

Vous pensez que le fait d'entendre une certaine musique stéréotypée, je devrais soudainement devenir sage, pour entrer dans le rang conventionnel, épouser les normes en vigueur ? Alors là, je crois bien que vous êtes un peu, et même beaucoup fêlé, en pleine utopie !

Si vous le pensez si bien, si vous y croyez fortement, libre à vous ! Pour moi, je sais que vous vous gourez bel et bien, sur toutes les lignes du destin !

Personnellement, j'ai une optique régimentée, et surtout, totalement différente de votre existence actuelle !

Tous les soirs, je vous aperçois rentrer dans votre appartement. Après le souper, c'est la télé ; celle-ci terminée, vous rejoignez votre chambre et, sur des pensées négatives, vous vous endormez !

Au petit matin, ce sera le réveil impitoyable, qui vous secouera sans faire de sentiment et très content de lui, vous obligera à vous lever cahin-caha, direction la douche ! Les ablutions terminées, vous vous habillerez, ingurgiterez vite votre café !

Après avoir sécurisé votre porte, vous daignerez à contre-cœur dévaler l'escalier. Dehors, forcément, il ne fera pas trop chaud. La mine défaite de rigueur accompagnera vos pas comme d'habitude, puisque c'est comme cela, c'est la tradition !

Et vous voilà, très morose, maussade. Il fait déjà jour, il faut émerger, ce sera l'heure de les ouvrir ces yeux !

Par contre lui, le soleil, s'éclate : il est pile au rendez-vous, sans discrimination vous réchauffera, et même compatissant à votre égard, il ne tardera pas à vous rendre un petit peu plus sympathique !

Mais ce sera la découverte, celle de la féérie des petites fleurs ! Profitant des circonstances bien favorables ; elles se sont épanouies dans leur éclosion. Maintenant, elles odorent de leurs multiples couleurs, tous les optimistes.

Si cela vous emmerde d'aller bosser, n'hésitez surtout pas : faites demi-tour et partez dans la campagne vagabonder, batifoler au gré d'un petit vent guilleret ! Plus tard en fin d'après-midi, ce qui sera certain, c'est que vous ne regretterez d'aucune façon cette virée, cette escapade champêtre.

C'est si reposant de ne rien faire !

Voilà, peut-être à bientôt de vous croisez sur les sentiers de la bonne humeur de ma campagne préférée, Dame Nature !

Gérard

Des délires en méli-mélo

Par une nuit sans sommeil,

A nulle autre pareille ;

Au rythme de mes apnées,

Je me mets à penser !

Rêver de symphonies,

Et de tout sans oubli !

Captif, involontaire,

Obligé de me taire,

Puis-je trouver courage

De partir sans bagage ?

Via des larmes sans chagrin,

J'avance vers mon destin

Car je veux être heureux

Au risque d'être odieux !

Sans demander pourquoi,

La Terre tourne sans moi !

Comme dans les rêveries,

S'envolent tous mes écrits.

Même dans mes pensées,

Leurs sens sont chamboulés.

Tous les songes, les regrets

Font, que je ne serais

La personne qui faudrait,

L'artiste qu'on n'est jamais !

Semblable aux pierres qui roulent,

Je n'attire pas grand foule.

Sans savoir qui je suis,

De t'aimer, j'en frémis.

Tes mains brûlent ma peau,

Tout est bleu, tout est beau !

Ton cœur est un diamant,

Qui me raye maintenant.

Tes grands yeux océan,

Envoûtent même tes amants.

Sans vouloir te bannir,

Sans penser trahir,

Mais le dire à la lune,

Et cacher ma rancune !

Cette fois-ci, on y est,

Tout mon lit est défait.

Il me faut dépêcher

C'est l'heure de se lever !

Retenons le silence,

Soulageons la conscience,

Car :

Lorsqu'on perd sa jeunesse,

On attrape la vieillesse,

Qui fait les premières rides,

Et nos idées stupides !

De cela, je m'en doute,

Tous les badauds s'en foutent !

Et j'admire votre patience,

Au moins, j'ai votre audience !

Gérard

CHAPITRE 7

Quand la douceur flirte avec la tendresse

On passe sa vie à essayer de comprendre les femmes, peine perdue, il faudrait mieux les aimer.

- Doux réveil
- Le sourire

Doux réveil

Je te dévisage doucement, tendrement.

Tendre réveil.

Sur tes cheveux, un diadème perlé

Sur ton front, je sonde tes pensées

Sur tes yeux, tout ce monde infini

Sur tes joues, croquer c'est l'envie

Sur tes lèvres, je dépose ma bouche

Sur ton cou, mon sourire se couche

Sur ta peau, je reste ébloui

Sur tes seins, le désir m'envahit

Sur ton ventre, cette attente d'espoir

Sur ton corps, tous mes doigts s'égarent

Sur l'étreinte, nos deux corps s'unissent

Sur ta couche, les astres éblouissent

Sur nos chairs, les marques de l'amour

Je t'aime

Gérard

Le sourire

L'homme heureux affiche le sien, tout illuminé,

Radieux, rempli d'allégresse, plein de volupté.

On s'interroge sur le sourire timide, crispé,

Qui hésite à s'épanouir à tout savourer.

Méfions-nous du sourire très hypocrite, forcé,

Très bien maquillé, qui espère vous brûler.

Et lui, le sourire de la belle inconnue croisée,

Auquel nous répondons de manière spontanée !

N'omettons pas le sourire aux personnes âgées,

En récompense de leur chemin de vie passé.

Celui du grand séducteur, dragueur, empesé,

Suffisant, confiant en sa personnalité.

Je vais vous parler du sourire inopiné,

Qui impose la paix à tous les êtres chagrinés,

Qui donne une âme à nos cœurs, à toutes nos
pensées :

Devant son symbole je reste bloqué, suffoqué !

Comme les reflets dans l'eau, comment l'attraper ?

Si son silence me laisse parfois désemparé,

Pourquoi pas m'en inspirer, afin de rimer ?

Puis, c'est le sourire fossette, celui de bébé

Qui découvre son nouvel empire, émerveillé,

Faisant chanceler la maman toute subjuguée,

Aux yeux embués devant le bambin qu'elle a créé !

Maintenant, c'est du tien que je voudrais parler !

Ton sourire n'envie rien à cette félicité.

Surtout, il irradie bien plus en intensité.

Pour l'engager, j'aimerais bien de le voler,

Rien que pour moi, tout seul, le garder, l'admirer.

J'oserais par un geste feutré, mal contrôlé,

Le capturer entre mes lèvres avides, affamées,

Ce doux sourire, surtout ne pas le négliger,

Avec lui comme bagage, tu es en sécurité !

Cette méditation va bientôt se terminer.

Aux sourires que j'ai oubliés, qui vont jalouser ;

Aux embauchés, aux commerciaux qui vont me pardonner,

C'est avec le sourire, que je vais clôturer !

Gérard

CHAPITRE 8

A en perdre la raison

Vis comme tu penses,

Si tu ne veux pas penser comme tu vis.

- J'en veux à personne
- Côtoyer l'inconnu
- Et moi

J'en veux à personne

Dans mes habits de tout le monde,

Au travers des pensées je songe !

J'ai parfois envie de pleurer,

Car le bonheur, j'ai pas trouvé !

En dévoilant le corps d'une femme,

Que voulez-vous, j'en perds mon âme.

Ce n'est pas à vous que j'en veux,

Mais à moi qui semble bienheureux !

Ne cherchez pas, pas de prière,

Je ne vous ferai pas la guerre.

Voulant faire l'amour sans amour,

On perd son cœur, peut-être toujours.

J'ai fait ce que j'ai trop voulu,

Alors ma vie semble toute foutue.

Ce n'est pas à vous que j'en veux,

Mais à moi qui semble bienheureux !

Pour la tendresse, c'est sans espoir,

De l'amour, j'ai fui ses histoires.

Tuer l'apparence, tuer la lumière,

Indestructibles, elles restent entières.

Faut-il beaucoup de votre pitié,

Afin de me faire pardonner ?

Ce n'est pas à vous que j'en veux,

Mais à moi qui semble bienheureux !

Maintenant, au bord des regrets,

A votre avis, serais-je inquiet ?

Pour me juger, il est grand temps

De réagir dorénavant !

L'invasion de la lassitude

Me fait connaître l'inquiétude !

Ce n'est pas à vous que j'en veux,

C'est juste que je suis malheureux.

Ce n'est pas à vous que j'en veux,

C'est juste que je suis malheureux.

Gérard

Côtoyer l'inconnu

Je finis par me faire complètement peur : sûrement un manque de confiance en moi ! Aussi, c'est l'occasion de me regarder m'auto-détruire !

C'est dans cet esprit que je voyage actuellement. Pourquoi m'inflige-t-on ce châtiment ?

On se moque ouvertement derrière moi, lorsque cela tourne bien trop vite dans ma tête ; j'en ressens pertinemment le néant m'absorber !

Si quelque chose d'inconnu escamote mon désespoir, alors c'est toute mon âme que je vois s'enfuir !

Dans mon désespoir, je cherche quelqu'un qui penserait les mêmes choses que moi ; au moins, on pourrait reconnaître que je ne suis pas totalement dingue, ce serait même une grande joie !

Dans mon subconscient, j'entends comme des chuchotements : entre elles, des voix essaient de me voler mon identité, bref toute mon entité ! En y réfléchissant sérieusement, je dois certainement côtoyer quelques attaques psychiques, celles qui me visiteraient de temps à autre, sournoisement !

Malgré ces difficultés, j'arrive à m'interroger sur ce que je suis réellement devenu ; Ne serait-ce pas un épouvantable bouleversement, frôlant l'horrible ! ?

A nouveau, on martèle sans vergogne, sans aucune pudeur à l'intérieur de mon enveloppe crânienne ; je vais devoir me débattre, une fois de plus, dans l'énorme toile d'araignée poisseuse. Tout un groupuscule d'anges grimaçant me surveille étroitement, effrontément. Hideux, laids, ils viennent sans retenue se chamailler dans mon univers et en profitent pour anéantir, effacer mes rêves, mes illusions les plus profonds.

Aïe ! je crois bien qu'«elle », la grande solitude, arrive à grandes enjambées ! Elle envisage de me harceler allègrement !

Dans une même synchronisation, tous les volets viennent de se fermer. Pourquoi ?

Il fait très sombre maintenant, presque un noir profond.

À ce moment, indépendamment de moi-même, je suis obligé de vous dire : au revoir ! peut-être même un peu plus !

Gérard

Et moi ?

Le problème avec les cons, c'est qu'ils sont tellement cons qu'ils ne savent pas qu'ils sont cons ! Et ces cons-là sont majoritaires.

Bien ! Et nous sommes en démocratie qu'ils disent. Déduction : ce sont bien eux qui nous gouvernent. Faut-il vacciner les cons ? Ne sont-ils pas immunisés ? le remède existe-t 'il ? Si oui, attention au rejet de leur traitement qui les guette sournoisement, très efficacement, de la finalité de conserver le standing d'être un con !

Dans un dictionnaire, le synonyme du mot con est inepte. Il est vrai que de dire inepte fait plus recherché, plus précieux également, mais aussi beaucoup plus con. Si dans l'au-delà, la possibilité de retrouver tous ces cons existe, les cons, mais aussi les bêtes et les méchants, les menteurs et les hypocrites accompagnés des fourbes, je préférerais ne pas y aller ! (Encore une énigme à la con) …

Jeune, on est un petit con, âgé un vieux con ;
entre les 2 : un gros con. Moi, je me fais humble
au milieu de tous ces cons ! À moins que …je me
décide à devenir un connard également. Alors là,
il me semble que je cultive la connerie !

Gérard

CHAPITRE 9

A la recherche de soi-même

Qu'est-ce que le mieux : un bon sommeil ou un bon lit, bercé par une bonne musique !?

- Adulations vénérations musique
- Ne rien oublier dans l'horreur

Adulations, vénérations, musique

<u>Piano</u> _ Parfois mélodieux, parfois très suffisant, parfois nostalgique, il nous transporte dans des compositions de notes étroites et brèves, réussissant le tour de force de nous extasier.

<u>Contrebasse</u> _ Mélancolique, elle nous entraîne trop facilement dans la zone sombre, triste et morose de l'existence. Malgré cela, nous l'écoutons avec ferveur et passion.

<u>Violon</u> _Musique de l'âme dit-on. Cette âme pleurniche parfois jusqu'à l'attendrissement de la férocité ou de la dureté. Surtout ne pas le savourer tout seul.

<u>Flûte de Pan</u> _ Synonyme de la sensibilité, c'est un hymne à la nature. Courtisane des cœurs aimants, elle vagabonde dans l'amour et l'adoration de la non-violence.

<u>Clarinette</u> _ Ces partitions sont très suaves et très séductrices dans les graves. Elle nous remet également les pieds sur terre dans les aigus. Ce

mixage représente le tiraillement de l'escapade avec la réalité.

<u>Saxophone</u> _ Pour bon nombre de mélomanes, cet instrument frôle l'érotisme et l'envoûtement ! Bref, il nous rend dépendant de cette excitante tendresse.

<u>Trompette</u> _ Très réveille-matin, ces sonneries, souvent captivantes, nous stimulent jusqu'à l'agression de nos tympans. Mais quelle pureté dans ces déclamations !

<u>Guitare acoustique</u> _ Non agressive, très enchanteresse, elle nous captive mais peut devenir (à forte dose) soporifique et responsable de certains bâillements.

<u>Guitare électrique</u> _ Prête à mordre, son tempérament nous donne l'envie de bouger, de s'animer et de s'extérioriser. Adore nous voir sursauter afin de mieux nous apaiser.

<u>Batterie</u> _ Cet instrument nous chavire. Aux origines de la musique, elle nous oblige à harmoniser nos instincts primaires, vaincre notre scepticisme ; victoire, elle y réussit !

<u>Synthétiseur</u> _ A la recherche des mélodies de l'au-delà, il s'accommode très bien du rôle de passepartout, et accompagne maintenant tout écrit instrumental ; jusqu'à espérer secrètement devenir un soliste !

Réflexions très personnelles

Gérard

Ne rien oublier

Ne ferme pas les yeux tout de suite

Ne le fais surtout pas si vite !

Les ferme pas, j'ai pas terminé ;

Quelle beauté ces yeux dilatés.

Continue de me regarder,

Voilà, doucement, tout en feutré !

Comme cela, quitte pas mon regard,

Et souris, tu fais trop bizarre !

Contre le mien, ton corps s'abandonne,

C'est pas trop difficile, tu es bonne,

Bonne fille, belle participation,

Tu fais partie de l'explosion !

Pour moi, c'est ressentir ton cœur chaud

S'enflammer comme un brasero !

Cette fois, je me suis régalé,

Le préambule m'a excité.

Ça valait bien une longue attente,

Le final donne sa récompense

Voir de jolies femmes gigoter,

M'invite à ne rien oublier !

Je ne connais pas son pédigrée,

C'est donc à moi de la sanctifier.

Au moment de l'apothéose,

Quand tout est devenu grandiose,

Lorsqu'enfin, j'enlève le couteau,

Je l'essuie contre la douce poitrine.

Cette fois encore, l'apaisement

Anéanti mes tremblements.

Je suis tout en sueur, tout en gaieté,

Je vérifie la propreté

De cette lame toute purifiée.

Aucune gargouille, aucune chose,

Ne s'échappe de ce bouillonnement rose !

Monsieur, dites monsieur ? !

Tu me veux-tu, petit gars ?

La dame par terre, là-bas,

Vous ne l'avez pas oubliée ?

Non ! non, car elle ne m'appartient plus.

Gérard

Épilogue

Que cela soit par l'intermédiaire de la poésie, du rêve, par quelques mélodies, par certains témoignages ou bien certaines visions, tous les ingrédients de la vie non contractuels nous font constater la force des mots, leur puissance inimaginable tels que « aimer ou haïr ».

À chacun de nous de choisir !

Gérard

© 2020, Leduc, Gérard
Edition : Books on Demand,
12/14 rond-Point des Champs-Elysées, 75008 Paris
Impression : BoD - Books on Demand, Norderstedt, Allemagne
ISBN : 9782322255290
Dépôt légal : décembre 2020

FSC
www.fsc.org
MIXTE
Papier issu
de sources
responsables
Paper from
responsible sources
FSC® C105338